AF226631

L 27 m
9.5513

BIBLIOTHEQUE
CHRÉTIENNE ET MORALE

APPROUVÉE

PAR MONSEIGNEUR L'ÉVÊQUE DE LIMOGES.

—

6e SÉRIE.

Tout exemplaire qui ne sera pas revêtu de
notre griffe sera réputé contrefait, et poursuivi
conformément aux lois.

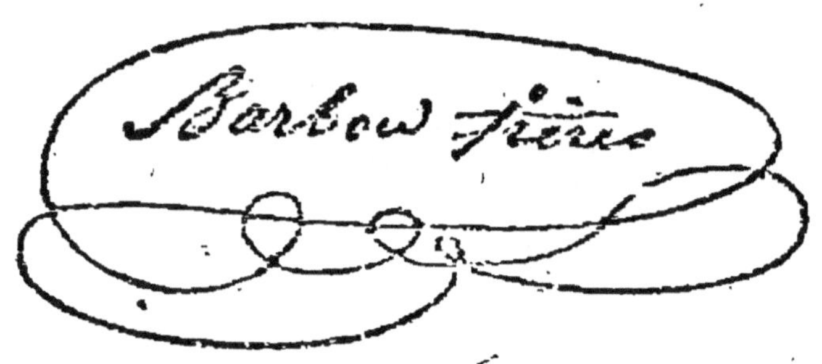

Saint Bernard pleure la mort de son frère.

LA VIE

DE

[SAI]NT BERNARD.

[ABBÉ] DE CLAIRVAUX.

LIMOGES.

[BARB]OU FRÈRES, IMPRIMEURS-LIBRAIRES.

LIVRE PREMIER.

Saint Bernard naquit a Fontaines, petit bourg voisin de Dijon. Son père s'appelait Tescelin, et sa mère, Alette. Le premier sortait de la maison des comtes de Chatillon, et la seconde, de celle de Montbart.

D'heureux présages précédèrent la naissance de Bernard. Sa mère eut un songe mystérieux que sa piété attentive ne négligea point; elle consulta les saints du Seigneur, et ce qu'on lui prédit de l'enfant à qui elle devait bientôt donner le jour la rendit, dans la suite, encore plus vigilante sur son éducation. De sept enfants qu'elle eut, il n'y en eut pas un qu'elle n'offrît à Dieu dès qu'il vint au monde; et cette action n'était point en elle une simple cérémonie; la manière dont elle les élevait témoignait assez que le désir de les sanctifier en avait été le principe. Comme elle était bien persuadée que les femmes qui font passer leurs enfants en des mains vénales ne sont mères qu'à

demi, elle ne substitua personne à sa place pour
nourrir les siens, et fit couler dans leurs veines
avec le lait les sentiments de la religion dont elle
était animée.

Dans le rang où Dieu l'avait établie, elle ac-
complit fidèlement le précepte de l'Apôtre ; sou-
mise aux volontés de son mari, elle fit régner la
crainte du Seigneur dans sa maison, et partagea
ses occupations entre le soin des pauvres et l'ins-
truction de ses enfants. Le premier fut nommé
Guy, le second Gérard, le troisième Bernard, dont
nous écrivons l'histoire ; le quatrième fut une fille
nommée Humbeline ; et les trois derniers, trois
garçons, furent appelés André, Barthélemi et
Nivard. Les richesses abondantes de sa famille
ne l'empêchèrent pas de les élever tous comme
s'ils eussent dû s'attendre à mener une vie pénitente et laborieuse. Elle leur inspira de bonne
heure le mépris des joies mondaines, l'horreur
de la mollesse et de l'oisiveté, et les accoutuma si
bien à l'exercice et au travail qu'ils semblaient
faire entre ses mains l'apprentissage des austérités
qu'ils ont depuis pratiquées.

Alette envoya de bonne heure Bernard étudier
à Chatillon-sur-Seine, où de savants ecclésiastiques tenaient alors les plus célèbres écoles
de la province. Dans cet âge où l'on présume
si aisément de ses lumières, son jugement

propre ne fut pas son guide. Ses études furent très sérieuses et sincèrement chrétiennes ; ses progrès dans la science furent si rapides, qu'en peu de temps il mit ses compagnons hors d'état de l'atteindre et de le suivre. Dans cette académie, il goûta les lettres humaines et toutes les délicatesses des bons auteurs ; mais il n'en demeura pas à des études profanes, il commença dès lors à lire les divines Écritures, dont il sut apprécier le mérite et l'excellence. Son jeune cœur s'ouvrit aux vérités célestes ; il s'accoutumait à ce style du Saint Esprit, et retenait avec plaisir ces expressions admirables qui devaient un jour lui devenir si familières.

Il entrait dans sa dix-neuvième année, lorsqu'il revint de Chatillon à Fontaines, lieu du séjour et du domaine de sa famille. Il y reçut de nouvelles instructions de sa mère ; mais il la perdit six mois après son retour.

Sa mort fut extrêmement sensible à toute sa famille, qu'elle avait conduite avec tant de lumière et de religion ; Bernard, sur qui elle avait toujours eu les yeux particulièrement ouverts, en fut plus affligé que personne. Il avait alors près de vingt ans, et l'on crut devoir commencer à le faire entrer dans le monde. Toutes les avenues s'en ouvraient pour lui : les services et le crédit de son père, ses propres talents le conduisaient naturellement aux plus grands emplois; mais ce monde ne lui présentait que des occasions de péché, et il était incertain sur le parti qu'il devrait prendre.

Les fréquents assauts qu'il avait à soutenir contre les ennemis de son innocence, commencèrent à l'alarmer; ses idées de solitude se retracèrent plus vivement; et, dans le sein de la prospérité la plus complète, il forma la résolution de s'éloigner tout à fait du monde. C'est alors que Dieu opéra, par son entremise, des prodiges de grâce parmi ses frères et ses amis, qu'il disposa à entrer avec lui dans un monastère. Quand ils se virent au nombre de trente, ils jugèrent qu'ils ne devaient plus différer de se rendre à Cîteaux. Outre le frère aîné de Bernard, il y en avait encore quelques-uns de leur troupe engagés dans le mariage. Leurs femmes, touchées de leur exemple et par une conduite divine, se trouvèrent disposées à cette séparation, et à se consacrer à Dieu, de leur côté, dans une retraite que saint Bernard prit soin d'établir, avant de partir, dans le diocèse de Langres.

Après que les femmes et quelques filles de ses fidèles amis se furent retirées dans ce lieu, saint Bernard prit ses frères avec lui, et se rendit au château de Fontaines pour y recevoir la bénédiction paternelle. Il y avait longtemps que Tescelin

conduit les préparatifs de ce voyage sans néanmoins avoir pu préparer son cœur à souffrir avec
patience un assaut dont il était menacé depuis
plus d'un an. Perdre cinq enfants en un jour, et
après avoir vu sa maison toute éclairée de leurs
vertus, la voir soudainement privée même de leurs
personnes, voir tous ses appuis tomber, et toutes
ses espérances pour sa postérité se réduire au
seul fils qui lui restait, c'était plus qu'il n'en fallait pour abattre le courage d'un homme déjà
courbé sous le poids de ses années. A leur entrée,
l'appareil de cet adieu lui saisit le cœur ; il jeta
sur eux des yeux presque éteints, sa voix se perdit, et toute sa personne demeura dans une dé-
faillance universelle. Cependant Humbeline, dont
la douleur était ou plus courageuse ou plus impa-
tiente, fit retentir ses plaintes contre saint Bernard, qui l'avait toujours aimée plus que tous
ses frères ; elle lui dit que s'étant plus appuyée
sur lui que sur aucun autre, elle était surprise
qu'il devînt la cause de tous les malheurs où elle
allait être abandonnée ; qu'il jugeait bien qu'après
avoir perdu leur mère, elle se trouverait atta-
chée par devoir auprès d'un père déjà vieux et
destitué de toute compagnie et de tout secours, à
la réserve d'un enfant ; que tout ce qu'il y avait
dans leur famille de meilleur et de plus propre
au gouvernement des affaires allait s'ensevelir

dans la solitude, tandis que les moins habiles et
les plus faibles restaient dans le monde, et qu'enfin elle les suivrait volontiers si Dieu le lui ins-
pirait, mais qu'après tout, quand même elle en
aurait la force et la grâce, elle croyait devoir ses
soins aux infirmités de son père et à l'éducation
du jeune Nivard. Saint Bernard laissa tomber sur
lui cet orage, et ses frères et lui sortirent le plus
tôt qu'ils purent. Guy remarqua Nivard qui jouait
sur la place, et lui dit en passant : « Adieu, nous
te laissons maître de tous les biens de la maison.
— Vous prenez donc pour vous le ciel, reprit l'enfant, et vous ne me laissez que la terre? le partage
n'est pas égal. » A leur retour à Chatillon, ils en
trouvèrent un de moins dans leur troupe, mais
son infidélité ne les empêcha pas de partir, ni
d'aller tous avec joie se jeter aux pieds d'Etienne,
abbé de Cîteaux, à qui ils demandèrent d'être admis au nombre des saints qu'il avait sous sa conduite. Pour mieux faire comprendre le mérite de
leur entreprise, nous allons dire un mot de ce
monastère.

Voici la description qu'en fait l'auteur des
Annales. Leur cœur, dit-il, n'avait de mouvement
que pour désirer le ciel, pour mépriser la terre,
et pour attaquer l'enfer. Ils s'élevaient tellement
au-dessus des faiblesses humaines, qu'ils ne
paraissaient des hommes qu'aux yeux du corps, et

des anges aux yeux de la foi. La méditation continuelle des vérités divines, loin de fatiguer leur esprit, le reposait ; le sommeil et la nourriture semblaient moins les soulager que les distraire. Le travail les occupait sans bruit, sans interruption, sans murmure ; et, dans leurs différents ouvrages et leurs divers emplois, ils parlaient si sobrement que leurs paroles semblaient respecter le silence. La société soutenait la solitude, la crainte des jugements de Dieu nourrissait l'espérance de ses miséricordes ; en un mot les vices les plus légers en étaient bannis, et les vertus étaient tellement naturalisées par l'usage qu'elles ne paraissaient plus en ces grandes âmes que des dons célestes.

Etienne remarquait avec plaisir les sentiments héroïques de ses religieux ; mais plus ils consolaient sa ferveur, plus il s'affligeait de voir son troupeau ne pas s'accroître. Car outre les ravages que causa dans le monastère une maladie qui s'était répandue dans le pays, l'austérité de cette vie effrayait tout le monde, et personne n'osait s'engager en des exercices de pénitence qui faisaient frémir la nature. Etienne en gémissait devant Dieu, et néanmoins espérait toujours que sa miséricorde multiplierait le nombre de ses serviteurs.

Un jour qu'il priait avec encore plus d'ardeur

pour la fécondité de son monastère, Bernard y arriva à la tête de trente gentilshommes qu'il avait convertis. Le saint abbé et les religieux les reçurent avec des transports de joie. Ils admiraient en eux tant de qualités brillantes qu'ils sacrifiaient aux biens éternels, et applaudissaient à leur résolution et à leur courage. Etienne en rendit à Dieu mille actions de grâce. Il ranima la confiance de ses frères, et fit entrer ces nouveaux disciples dans les routes de la vie pénitente et laborieuse qu'ils embrassaient de si bon cœur. Tous furent admis au noviciat, à la réserve d'un parent de saint Bernard nommé Robert qu'on ne reçut qu'au bout de deux ans à cause de sa trop grande jeunesse.

Leur exemple ayant été suivi par plusieurs autres personnes, Cîteaux parut trop resserré pour contenir tous ceux qui se présentaient chaque jour, et le couvent de La Ferté fut fondé.

Cependant Bernard passait l'année de son noviciat dans une ferveur angélique, tout occupé du soin de purifier de plus en plus son cœur, et d'écarter l'ombre de l'impiété la plus légère.

L'année suivante Bernard, avec ses compagnons, s'engagea par des vœux à pratiquer la règle de saint Benoît suivant la réforme de Cîteaux. On vit alors redoubler sa ferveur ainsi que son amour pour le silence et pour la retraite, l'assiduité à la prière, et surtout l'empressement pour le travail des mains, qui faisait une des principales occupations du monastère

S'affligeant que sa délicatesse lui ôtât les moyens de s'occuper comme les autres religieux à des exercices pénibles, il s'en plaignit à Dieu si tendrement qu'il se trouva dans la suite plus de force que tout autre pour les travaux ordinaires de la maison.

Peu de temps après la profession de Bernard et de ses compagnons, Etienne fonda le monastère de Pontigny, dont il fut abbé.

La fécondité de Cîteaux continuant toujours, Etienne fut obligé l'année suivante, d'envoyer deux colonies qui fondèrent les abbayes de Morimond et de Clairvaux.

La dernière était composée des frères et des parents de Bernard, auxquels il joignit deux anciens religieux pour faire le nombre de douze. Etienne fit Bernard leur abbé; il voulait que celui qui les avait amenés à Cîteaux devînt leur père spirituel. Le saint avait alors vingt-quatre ans.

Après que cette troupe de fidèles eut erré quelques jours au gré de la Providence, ils se trouvèrent au milieu d'une affreuse vallée qui passait dans le pays pour une retraite de voleurs, et qu'on nommait *la vallée d'absinthe*, peut-être parce qu'elle était remplie de ces sortes de plantes, ou bien à cause des meurtres qu'on y avait souvent commis. Ils s'arrêtèrent en ce lieu et le choisirent comme inutile à tous les habitants des environs, et par conséquent plus aisé à obtenir.

Ils commencèrent à couper quelques arbres et à former quelques habitations rustiques.

Saint Bernard établit pour prieur un religieux nommé Gauthier qu'Etienne lui avait donné pour cet emploi : il chargea du soin de la porte son frère André, et fit célérier son frère Gérard. Comme alors le siége de Langres était vacant, il prit avec lui un ancien religieux et vint à Châlons-sur-Marne trouver l'évêque pour recevoir de lui la bénédiction pastorale et la confirmation de son autorité.

Cependant l'établissement de Clairvaux se formait lentement, et l'on n'y recevait que de très-faibles secours. Les peuples qui d'abord avaient paru touchés de l'austérité de ces solitaires, peu à peu négligèrent de les secourir; de sorte qu'ils se trouvèrent dépourvus de tout, abandonnés à toutes les horreurs d'une extrême indigence et souvent réduits, dit Alain d'Auxerre, à se nourrir de feuilles de hêtres cuites. Il ne mangeaient que du pain d'orge et de millet; et il leur était même impossible de s'en procurer d'autre par le travail de leurs mains : la construction

de leur maison les occupait entièrement ; et
quand ils auraient pû ensemencer quelques
terres, elles ne pouvaient leur rendre assez promptement de quoi les soulager. Enfin tout semblait
les conduire au désespoir.

Un religieux venu pour les visiter, ayant em-
porté du pain de Clairvaux, le fit voir à son abbé,
qui fut tellement effrayé de la pénitence de ces
solitaires, qu'aussitôt il leur envoya quelques
chariots de vivres, qui les consolèrent et leur furent une occasion de former avec cet abbé charitable une liaison d'amitié qui dura toujours. Ils
furent encore assistés d'ailleurs. Mais après que
Dieu les eut éprouvés par les souffrances de la
vie du corps, il voulut aussi les éprouver par
les peines de l'esprit.

Saint Bernard à qui les grands accroissements
de son ordre avaient été révélés, portait ses frères,
dans ses exhortations, à la perfection la plus hau-
te. Comme ils ne comprenaient pas bien quelquefois la sublimité de ses discours, ils commencèrent à se persuader qu'il était ignorant dans les
voies de Dieu, et par conséquent peu propre au
gouvernement de leurs âmes. Le saint, qui n'a-
vait que trop de penchant à le croire, cessa de les
instruire comme il avait fait jusqu'alors, et ne
leur parlait plus que rarement et conformément
à leur faiblesse. Sa nouvelle conduite acheva de

les accabler; et comme leur tentation contre lui
avait commencé à les attaquer à l'occasion de l'état où leur pauvreté les réduisait, ils craignaient
de se voir tous les jours en danger de perdre la
nourriture spirituelle et corporelle, et résolurent
entre eux de retourner à Cîteaux.

Bernard fut très-affligé de les voir dans ces sentiments, et les conjura de vouloir tous ensemble, avant de partir, offrir à Dieu leurs prières
pour connaître sa volonté. Tous se prosternèrent
aussitôt pour lui obéir, et poussèrent de secrets
gémissements. Pendant ce silence universel, les
pleurs et les soupirs du saint pénétrèrent les
cieux, et soudain une voix vint frapper les oreilles des assistants par ces paroles : *Bernard,
levez-vous, votre prière est exaucée.* Tous ces moines, saisis d'étonnement et de frayeur, se demandaient l'un à l'autre en tremblant ce qu'ils avaient
entendu, et consultaient tumultueusement leur
abbé. Peut-être auraient-ils encore douté des secours de la Providence si la suite ne les eût tout
à fait rassurés ; car dans le moment même deux
hommes arrivèrent à Clairvaux, et apportèrent
deux sommes d'argent capables de les affranchir
entièrement de la misère. Leur confiance en Dieu
se ranima, et leur soumission à Bernard se confirma de telle sorte, que désormais rien ne fut capable de l'affaiblir.

Après ces temps de désolation, le monastère changea de face, et il commença à se peupler. Saint Bernard allait quelquefois à Châlons visiter l'évêque pour l'entretenir des affaires de son ordre et pour profiter de ses lumières. Sur la fin de l'année 1115, il fit un voyage où il convertit plusieurs personnes, tant ecclésiastiques que laïques, qui se rendirent à Clairvaux avec lui.

Un d'entre eux s'appelait Roger. Comme il était illustre par sa naissance et par ses talents, son exemple en toucha quantité d'autres, qui vinrent se dépouiller aux pieds du saint abbé de leurs dignités et de leurs emplois. Mais la peine qu'il prit pour les former à la vertu et son peu d'attention à lui-même le réduisirent à un état très-fâcheux. Ses supérieurs l'engagèrent à se retirer dans une cabane séparée du monastère où il fut confié à un médecin, dont l'ignorance égalait la suffisance.

Au bout de l'année, saint Bernard sortit de son exil, et rentra dans le monastère, peu soulagé de ses maux, mais plus fervent que jamais pour reprendre les exercices de la pénitence qu'il avait interrompus.

Ce fut en ce temps que son père Tesselin, touché de la vie angélique de ses enfants, vint se joindre à eux à Clairvaux. Il y prit l'habit religieux, et peu de mois après son engagement', il mourut comblé de mérites et d'années. Sa retraite avait beaucoup consolé cette famille chrétienne, et pour rendre leur joie parfaite, Dieu ne différa pas longtemps la conversion d'Humbeline leur sœur, qui était seule demeurée dans le monde.

On tint à Cîteaux une assemblée des abbés, qui se trouvaient alors au nombre de douze, et l'on y régla quelques constitutions, auxquelles saint Bernard fut chargé de travailler avec saint Etienne, pour donner quelque forme à ce qu'on avait résolu d'établir.

Cette assemblée est appelée le premier chapitre général de l'ordre de Cîteaux, qui fut institué par saint Etienne, de l'avis de ses religieux. On y régla que les abbés supérieurs des monastères tirés immédiatement ou originairement du sien, y viendraient tous les ans lui rendre compte de leur conduite et de celle de leurs religieux. Il n'en excepta que ceux qui seraient retenus par maladie, en les obligeant toutefois d'envoyer un exprès pour faire savoir la cause de leur absence.

Saint Bernard parut dans cette assemblée avec éclat, et revint le plus promptement possible à Clairvaux, où il s'abandonnait plus que tout autre à son zèle depuis qu'il avait repris les exercices du monastère, et se réduisit bientôt par de nouveaux excès à la nécessité de s'en séparer une

...fois. Il ne le fit pas néanmoins sans bien
...tances; mais Dieu avait ses desseins,
...tendait pas qu'en travaillant à rétablir
...té, il menât une vie entièrement oisive.
...ui, quoiqu'il fût dégagé de l'assiduité aux
...vances, et qu'il ne parût avec ses religieux
...que assister aux chapitres et leur donner,
...mon, quelques avis importants, il emplo-
...le reste du temps à l'étude et à la prière.

LIVRE DEUXIÈME.

Pendant toute cette année, où les infirmités de
saint Bernard l'avaient séparé des observances
du cloître, il fit des progrès surprenants dans l'é-
tude des Écritures et des Pères. Il composa un
traité de douze degrés de l'humilité, et fit des
homélies sur le mystère de l'Incarnation, qui le
touchait plus que tout autre, à cause des grandes
connaissances que Dieu lui en avait données dès
sa plus tendre jeunesse. Il appelle cet ouvrage
L'Éloge de la sainte Vierge : aussi la dévotion qu'il
avait pour elle y paraît admirablement. Il y trace
une belle peinture de sa virginité.

Cependant saint Bernard ne cessait de procurer à Jésus-Christ de nouveaux et de vrais adorateurs : il devint l'instrument des plus éclatantes victoires de l'Homme-Dieu.

La première conversion qu'il opéra fut celle de sa sœur Humbeline. De toute cette famille livrée à la grâce, il n'y avait plus qu'elle dans le monde. Elle y était honorablement établie, et conformément à l'éclat de sa naissance et à la grandeur de ses biens. Sensible enfin aux grands éloges de saint Bernard, qui retentissaient partout, elle résolut de lui rendre une visite, et de venir prendre part à la gloire d'un frère qu'elle avait toujours tendrement aimé.

Saint Bernard lui inspira le renoncement au monde, le mépris des richesses, le zèle de la pénitence, l'amour de Jésus-Christ, et la renvoya déterminée à quitter tous les amusements de la vanité.

Son mari ne s'opposa point à cette réforme. Il fut lui-même touché de sa persévérance, et, au bout de deux ans, lui laissa la liberté de se retirer dans un monastère, où elle travailla jusqu'à la mort à l'ouvrage de son salut, et parvint à une éminente sainteté.

Après que le saint eut pris quelque soulagement pendant l'année que ses infirmités l'avaient contraint d'interrompre les exercices du cloître, il se

réunit avec ses religieux, mais il se vit obligé
bientôt de les quitter pour faire un voyage à
Paris. Le zèle du salut des âmes et la confiance
que quantité de personnes considérables avaient
en lui, l'engageaient quelquefois à ces sortes d'ab-
sences, qui d'ailleurs avaient leur utilité pour son
monastère ; car il ne rentrait guère à Clairvaux
sans amener avec lui un grand nombre de nouveaux disciples. Ces continuels accroissements
furent cause de plusieurs fondations particu-
lières.

A son arrivé à Paris, dit un historien de Cîteaux, on l'invita à entrer dans les écoles de phi-
losophie pour y édifier l'assemblée ; il y parla de
la vraie sagesse et du détachement des créatures,
mais personne ne lui parut sensible à ce qu'il
avait dit. Ce peu de succès l'affligea, car d'ordinaire Dieu lui donnait la consolation de ne pas
parler en vain. Il se retira chez un chanoine de
la cathédrale, et s'enferma dans une chambre où
il versa bien des larmes sur son indignité, qu'il
croyait apporter obstacle à la conversion des
âmes.

Etienne, évêque de Paris, l'avait beaucoup pres-
sé, la veille, de faire un sermon, et il avait refusé,
car il ne paraissait en public que le moins qu'il
pouvait ; mais, dans la ferveur de sa prière, il se
se sentit plus animé de confiance pour toucher

les cœurs, et dit à l'évêque qu'il prêcherait. Il
s'assembla une multitude infinie de peuple,
comme il arrivait toujours quand il devait p...
Il fit le discours que nous avons dans ses ouvrages sous le nom de *la Réforme des ecclésiastiques*, et ses paroles vives et pressantes remplirent
Clairvaux de novices, et toute la France d'admira-
tion pour le saint.

Nous voici arrivés à l'endroit de l'histoire de
saint Bernard où il commence à paraître au milieu
du monde pour les intérets de la religion et pour
la sanctification des peuples ; et les affaires où la
Providence divine va désormais l'appliquer le
mirent en relations si fréquentes avec les
papes, que pour mieux éclaircir ce que nous
dirons dans la suite, nous nous trouvons
obligés d'exposer ici quel était alors l'état de
l'Église.

Les circonstances l'ayant appelé à travailler à
la réforme de l'Église, il composa un opuscule
intitulé *Du devoir des Evêques*.

Vers ce temps-là (1125), l'empereur mourut à
Trèves, et laissa beaucoup de divisions dans l'Allemagne pour la succesion de ses États. Lothaire,
duc de Saxe, fut élu roi des Romains par les autres princes ; et Conrad III, qui se trouvait par
le sang le plus proche de l'empire à cause de sa
mère Agnès, sœur d'Henri, protesta contre cette

... crut devoir armer contre le nouveau ... verrons ailleurs de quelle manière ... apaisa tous ces troubles.

... était alors généralement désolée par ... et les deux provinces de la Bourgogne ... étaient encore plus que tous les autres ... saint Bernard une belle occasion ... ter son zèle et sa charité. Le monas... ... aux, qui s'était vu autrefois desti... ... les secours nécessaires à la vie, devint, ..., le refuge de tous les pauvres. Le ... ne balança point à partager avec eux ... de provisions qu'il avait, quoiqu'elles ne ... as suffisantes pour nourrir ses religieux ... temps qui restait jusqu'à la moisson ; ... l'arrêta point. Dieu, par l'entremise ... iteur, multiplia tellement ses miséri... ... les dans Clairvaux, que ce monastère devint, ... dire, dépositaire des trésors de la ... ence.

... Bernard écrivit à tous les princes pour ... demander du secours. « Voici maintenant, ... dit-il, le temps favorable, voici les jours de ... répandez vos richesses sur les pauvres de ... Christ, afin que vous les receviez avec ... dans l'éternité. » Ses lettres eurent tout l'effet qu'il en espérait.

Les soins qu'il prit et ses fatigues dans ces

temps de désolation lui causèrent une maladie considérable, qui le réduisit aux dernières extrémités. Thibaud, comte de Champagne, qui l'estimait déjà, prit beaucoup de part au retour de sa santé ; et lorsqu'elle fut rétablie, le saint remercia ce prince par une lettre qui fut le prélude de cette amitié vive et constante qu'ils formèrent quelque temps après.

Dans ces temps où Bernard jouissait encore du repos de sa solitude, il composa son traité de l'Amour de Dieu. C'est, au jugement des savants, un ouvrage très-digne de son auteur et des plus utiles à la piété chrétienne.

La matière de l'amour de Dieu est ici traitée fort méthodiquement et avec beaucoup d'onction et de lumière.

Jusqu'ici la renommée n'avait guère répandu la gloire de saint Bernard que dans la France ; mais, devenu le conseil et le défenseur des plus grands prélats, ils l'employèrent pour négocier à Rome toutes les affaires, ou plutôt pour les y faire réussir.

La réputation du saint abbé faisait des conversions illustres. Etienne, évêque de Paris, ébranlé par les discours et par les exemples de saint Bernard, résolut de renoncer à la vie trop séculière qu'il menait à la cour, et de s'en éloigner. Le roi fut irrité de sa retraite. Il changea soudainement en haine toute l'amitié qu'il avait pour lui, et, sous prétexte d'équité et de justice, le dépouilla de tous ses biens par violence, supposant qu'il avait à se justifier du crime de concussion qu'il lui imputait, et à rendre compte des affaires et des finances dont il avait autrefois eu l'administration. L'évêque se mit sous la protection des abbés de l'ordre de Citeaux.

Ils choisirent entre eux saint Bernard et Hugues de Pontigny pour aller trouver le roi, et leur donnèrent une lettre, avec ordre de tout mettre en usage pour profiter des bonnes dispositions qu'ils remarqueraient dans ce prince. Ceux-ci partirent animés d'un zèle vraiment apostolique; et, pour donner à leur négociation plus d'autorité, ils persuadèrent à l'archevêque de Sens et à ses suffragants, de se joindre à eux. S'étant donc présentés devant le roi, ils lui remirent la lettre du chapitre général que nous allons rapporter

LETTRE DES ABBÉS DE CITEAUX AU ROI.

« Le roi des anges et des hommes vous a donné sur la terre un royaume et vous en prépare un autre dans le ciel, si vous vous appliquez à gouverner avec justice celui que vous avez déjà reçu.

Nous le souhaitons et nous le demandons pour
vous, afin qu'après avoir fidèlement régné ici-bas
l'un, vous régniez heureusement dans l'autre.
Mais par quelle raison résistez-vous aujourd'hui
si fortement à nos prières, après les avoir, s'il
vous en souvient, demandées si humblement, et
avec quelle confiance osons-nous lever les yeux
vers l'époux de l'Eglise que vous avez l'impru-
dence et la témérité de contrister, sans que vous
en ayez, ce semble, aucun sujet? quelles plaintes
cette épouse ne doit-elle pas faire contre vous et
son époux? Elle se voit maintenant obligée de
souffrir vos attaques après vous avoir autrefois
eu pour défenseur. Remarquez-vous bien qui
vous outragez? Ce n'est pas seulement l'évêque
de Paris, mais le Seigneur de la gloire, et ce
Dieu terrible qui, quand il lui plaît, ôte la vie
aux princes, en un mot celui qui dit en parlant
des évêques : Qui vous méprise, me méprise.

Voilà ce que nous avons pris soin de vous représenter, hardiment à la vérité, mais tendrement. Nous vous conseillons et vous conjurons,
par l'amitié dont vous nous honorez, que vous avez
daigné former, mais que vous blessez aujourd'hui
sensiblement, de finir un si grand mal. Que si
nous ne méritons pas d'être exaucés, et que si
vous nous méprisez, nous qui sommes vos frères
et vos amis, qui tous les jours offrons nos priè-

res pour votre personne, pour vos enfants et pour votre royaume, sachez que notre bassesse, tout impuissante qu'elle est, n'oubliera point les intérêts de l'Eglise et de son ministre, l'illustre évêque de Paris, notre ami et notre père, qui recourant contre vous à notre peu d'autorité, en qualité de frère, nous a demandé des lettres pour le pape; mais nous avons cru qu'il était dans l'ordre d'en informer auparavant Votre Majesté, surtout à cause que cet évêque se présente à la justice par les mains de tous ceux qui aiment la religion. Si donc on lui rend les biens qu'on lui a injustement enlevés (comme il semble qu'il serait juste de le faire), nous différerons de lui accorder ce qu'il nous demande; et supposez que Dieu vous inspire d'écouter nos prières favorablement, et que, suivant ce que nous conseillons et ce que nous désirons, vous vouliez vous réconcilier avec cet évêque, ou plutôt avec Dieu même, nous sommes prêts à vous aller trouver partout où il vous plaira pour faire réussir cette affaire. Si vous en usez autrement, il faudra bien écouter les plaintes d'un ami et obéir au prêtre du Seigneur. »

Il fallait que la sainteté de ces religieux eût fait de vives impressions sur l'esprit de ce prince, pour qu'une lettre écrite avec tant de liberté ne l'irritât point. Au contraire, il fut d'abord touché de leurs prières et de leur fermeté. Toutefois cette bonne disposition ne dura pas longtemps. Dès qu'il n'eut plus rien à craindre des censures de l'archevêque de Paris, il lui refusa toute satisfaction.

« Votre opiniâtreté, lui dit saint Bernard, sera punie de la mort de votre fils aîné. » Et nous verrons dans la suite l'accomplissement fatal de cette prophétie. Mais alors le roi méprisa tous les reproches et toutes les menaces.

Saint Bernard, revenu à son monastère, le trouva plus fervent et plus régulier que jamais. Il y goûta le repos que ses occupations lui avaient enlevé, et fut le témoin de tous les dons célestes que Dieu répandait sur ses religieux. Il conférait souvent avec eux sur les miséricordes divines, et s'entretenant un jour sur le mérite de la grâce : « Je m'aperçois clairement, dit-il, que dans tout le bien que je puis faire, elle me prévient, je sens qu'elle m'y porte et m'y excite, et j'espère qu'elle m'y fera persévérer jusqu'à la fin. » A ces paroles un des assistants lui objecta : « Si Dieu fait tout comme vous le dites, que faites-vous donc et quelle récompense espérez-vous ? » Ce fut à cette occasion que le saint composa son Traité de la Grâce et du libre Arbitre, dont le dessein principal est d'expliquer ce que fait la grâce et ce que fait le libre arbitre dans l'ouvrage du salut.

Il y enseigne beaucoup de choses de la liberté de
Dieu et de l'Ange ; il y parle de celle de l'homme
et la considère dans l'état d'innocence, dans celui
du péché, et dans la gloire. Il y explique la grâce
du premier homme avant ou depuis sa chute. L'ouvrage est court, mais il contient, dit un excellent
auteur, plus de doctrine et de substance que beaucoup de grands volumes où la même matière est
traitée.

Avant que saint Bernard rentrât à Clairvaux,
il avait pris de justes mesures sur les intérêts de
l'évêque de Paris. Les lettres que les évêques de
la métropole de Sens et les saints abbés avaient
écrites au pape Honorius touchant cette affaire
l'engagèrent à envoyer en France le cardinal
Mathieu, évêque d'Albane, pour y tenir un concile, où l'on règlerait ce qui regardait ce prélat et
plusieurs autres difficultés. Saint Bernard y fut
appelé, et il en fut la lumière.

Après le Concile, l'évêque de Paris, qui avait
souffert tant de disgrâces, se trouva dans un état
paisible, et fut si solidement rétabli, que dès-lors
il ne se vit exposé à nulles peines, comme nous
l'apprenons des lettres que saint Bernard écrivit
au pape pour l'en féliciter.

LIVRE TROISIÈME

La mort du pape Honorius chang[...] [...] de l'Église ; elle se vit déchirée par [un...] cruel qui porta la désolation dans tout [...] chrétien, et saint Bernard a eu trop [...] les événements qui ont relation à [...] pour n'en pas rapporter les circonstan[ces...] son origine jusqu'à sa consommation.

Honorius, peu avant sa mort, s'était [...] le monastère de Saint-André. Depuis [...] par une espèce de loi établie et une cou[tu-] me, on ne faisait l'élection des souver[ains pon-] tifes que dans l'église de Saint-Marc, [...] cardinaux qui suivirent Honorius dans sa [...] te, et qui composaient la plus nombreus[e...] plus saine partie du Sacré Collège, [...] voir se précautionner contre les inconvénie[nts...] l'élection précédente. De crainte donc que [...] ple romain ne troublât celle qu'ils avaient [...] ils ne voulurent point s'aller assembler à Sain[t-] Marc, ni publier la mort du pape qu'après en [] avoir fait un autre. Ainsi, dit l'abbé Suger, dans le monastère même de Saint-André, ils élurent

Grégoire, cardinal-diacre du titre de Saint-Ange, avant que de déclarer la mort d'Honorius.

Les autres cardinaux, quoique inférieurs en nombre et en mérite, s'élevèrent contre cette élection et la condamnèrent comme nulle, faite en secret et par surprise, et sans que les conditions nécessaires à la validité eussent été gardées. Ils s'assemblèrent à Saint-Marc, poursuit Suger, où, pour la forme, ils invitèrent les autres cardinaux à se trouver, et après avoir été assurés de la mort d'Honorius, du consentement de quantité d'évêques, d'ecclésiastiques et de personnes considérables de la ville de Rome, ils élurent par voie de suffrage Pierre de Léon, cardinal-prêtre de sorte que ces deux cardinaux, autrefois légats en France, se trouvèrent l'un et l'autre élus en même temps souverains Pontifes; et cette double élection, après avoir mis la division dans Rome, et dans les sentiments des docteurs, la mit ensuite dans toute l'Église; et il faut convenir avec quelques auteurs que les cardinaux se pressèrent un peu trop d'élire Innocent.

Grégoire prit le nom d'*Innocent*, et Pierre celui d'*Anaclet*. Le premier était recommandable par sa sagesse et par ses vertus, l'autre par sa puissance et par ses richesses.

Chacun de ces deux cardinaux avait ses partisans; mais la justice et la sainteté, comme c'est

l'ordinaire, donnaient à Grégoire bien [illegible]
mis que la force et la fortune n'en d[illegible]
Pierre de Léon. Ainsi, quoique la cause [illegible]
eût été la meilleure, il fallut [illegible]
d'Anaclet l'obligèrent de sortir [illegible]
[illegible] Palais et bientôt après de la [illegible]

Après que les schismatiques [illegible]
pape légitime, il ne se vit pas pl[illegible]
seul, qu'il en devint plus fier et [illegible]
et forma le dessein de connaître [illegible]
reste du monde ecclésiastique. Il [illegible]
cent comme perturbateur de la paix [illegible]
ses adhérents comme schismatiques [illegible]
de les excommunier et de les dépo[illegible]
raient dans le devoir. Il [illegible] même [illegible]
légats aux princes chrétiens, leur écri[illegible]
[illegible], assembler des évêques, et [illegible]
de dire en toute occasion qu'il défend [illegible]
de Dieu.

Les lettres et les légats d'Anaclet [illegible]
ment reçus dans les différents [illegible]
les envoya. Lothaire, roi des Romains, [illegible]
seulement pas digne d'une réponse, et se [illegible]
d'abord pour Innocent. Louis, roi de France, [illegible]
se détermina ni pour l'un ni pour l'autre, [illegible]
disposé néanmoins à reconnaître le successeur de
saint Pierre, dès que le légitime serait déclaré;
mais il ne voulut pas précipiter son jugement

béir à l'antipape, tous les évêques lui persuadèrent de convoquer un concile à Etampes, où, après avoir exactement discuté les raisons de l'un et de l'autre, ils donneraient la préférence au vrai pape, et s'attacheraient à lui, sans consulter ni l'intérêt ni les autres passions.

Après qu'on eut résolu de s'assembler pour délibérer sur une affaire de cette importance, et qu'on ne pouvait examiner avec des précautions trop attentives, le roi et les évêques ordonnèrent à saint Bernard de se rendre au concile, déterminés à tout peser au poids de son jugement et de ses lumières. Il y consentit en tremblant.

» Après, dit l'historien, que Bernard eut tout examiné, il prit la parole, et comme organe du Saint-Esprit, dit au nom de toute l'assemblée qu'il fallait reconnaître Innocent pour pape. Tous s'empressèrent aussitôt de déclarer la chose décidée. Ils chantèrent à Dieu des cantiques de louanges en action de grâces, selon la coutume, souscrivirent à l'élection d'Innocent, et lui promirent pour l'avenir une obéissance inviolable.

Le roi, qui dans le concile d'Etampes avait approuvé l'élection d'Innocent et l'avait reconnu pour pontife légitime, lui envoya, dès qu'il en sortit, ses ambassadeurs sur sa route, et fut ensuite lui-même au-devant de lui avec un grand nombre d'évêques. Suger, l'un de ceux qu'il choisit pour aller de sa part saluer le pape à l'abbaye de Cluny, dit que les religieux de ce monastère furent si transportés de joie quand ils apprirent la décision du concile, qu'ils donnèrent au roi mille bénédictions pour l'avoir assemblé.

Le pape vint à Chartres, où l'évêque le conduisit, tandis que Bernard fut trouver le roi d'Angleterre pour lui persuader de le reconnaître. Ce prince protégeait Anaclet parce qu'il le croyait canoniquement élu. Le saint abbé mit en usage tout le crédit qu'il avait sur ce roi, lui fit le détail de cette affaire, lui allégua le concile d'Etampes, l'exemple du roi, des prélats et des peuples de France, et n'oublia rien de ce qu'il crut capable de l'ébranler.

Ce discours détermina ce prince et le fit venir jusqu'à Chartres trouver le pape. Les principaux seigneurs anglais l'y accompagnèrent, et, pour marque de leurs hommages offrirent des présents au pape, qui, par la seule entremise de Bernard, se vit reconnu de la France et de l'Angleterre.

Aussi, tandis que le pape est banni de Rome, presque tout le monde chrétien lui devient un asile; car, après avoir été reconnu de ces deux rois et de leurs peuples, les autres le reconnurent aisément. Lothaire l'avait fait des premiers, et les légats du pape étaient revenus d'auprès de ce prince avec une reconnaissance respectueuse de lui et de tous les prélats d'Allemagne.

L'exemple des rois de Germanie, de France et d'Angleterre fut suivi de celui du roi Alphonse et des autres rois d'Espagne. Les prélats les plus illustres par leur sainteté dans ces différentes nations en firent autant.

Anaclet avait encore dans son parti les princes et les peuples de la Sicile, de l'Aquitaine et du Poitou. Les troubles étaient plus grands, particuliérement dans l'Aquitaine, où les sujets imitaient l'insolence de leur prince le duc Guillaume, et suivaient les conseils de Gérard, évêque d'Angoulème.

Gérard entretenait le duc Guillaume dans ses aversions contre Innocent, et irritait de plus en plus la haine de ce prince.

Vers la fin de l'hiver le pape prit le chemin de Liége, où il devait couronner Lothaire, et y passer le carême avec lui

Lorsqu'il entra dans Liége, Lothaire le reçut comme il convenait à un prince catholique de recevoir un vicaire de Jésus-Christ, et parut ne rien oublier de ce qui pouvait marquer son obéissance pour le pontife.

Cependant Lothaire, pour ne pas perdre le fruit des soumissions qu'il avait rendues au pontife, lui demanda sans façon de rentrer dans le droit des investitures, de la même manière que les souverains y avaient autrefois obligé les évêques par des cérémonies qui alarmaient leur juridiction spirituelle.

Lorsque Charlemagne eut enrichi de beaucoup de biens et de fiefs l'Eglise, qui dans les premiers temps n'avait point eu d'autres richesses que les oblations volontaires des fidèles, les évêques et les abbés, devenus puissants dans l'état, furent obligés à prêter serment entre les mains du prince, à reconnaître qu'ils tenaient de de lui leurs biens, à lui fournir un certain nombre de soldats pour la guerre, et à lui rendre tous les devoirs auxquels les engageait leur dignité. Suivant cet usage, le seigneur, après la mort de ceux qui avaient des fiefs, s'en emparait et en jouissait jusqu'à ce que le successeur eût été de nouveau investi et en eût prêté foi et hommage. Ainsi, à la mort d'un évêque les princes se mettaient en possession de ses fiefs, et les retenaient jusqu'à ce que celui qui était élu en sa place en eût reçu d'eux l'investiture.

Grégoire VII commença de contester les investitures et de les interdire. Les papes ses successeurs tinrent la même conduite. La cérémonie de l'investiture les alarmait, et les princes avaient beau protester qu'ils ne voulaient qu'investir les évêques, comme les autres seigneurs,

3.

des biens temporels dont ils jouissaient par la concession des princes, ils disaient toujours que par ce bâton pastoral qu'on mettait en la main de l'évêque quand il avait prêté serment, on prétendait le revêtir du pouvoir ecclésiastique.

La proposition de Lothaire jeta le pape dans un extrême embarras. Il pensait qu'en satisfaisant à cette demande il trahissait l'Eglise, qu'il achetait le pontificat aux dépens des droits de saint Pierre, et qu'il devenait par conséquent indigne de son élévation. D'ailleurs il appréhendait qu'en refusant, Lothaire ne le reconût plus pour pape, que l'éloignement de ce prince n'exposât l'Eglise à de nouvelles tempêtes et ne lui donnait de nouveaux ennemis.

Il n'aurait su quel parti prendre si Bernard n'eût paré ce coup qui le menaçait. Il parla fortement au roi, il lui représenta la malignité de sa demande et réprima l'ambition de ses désirs.

Durant le séjour que Bernard fit à Liége, il y convertit et aux environs un grand nombre de personnes, par ses exemples, par ses discours et par ses miracles. Il visitait les écoles publiques, où une multitude de gens venaient l'entendre. Il leur prêchait les vérités capitales de la religion, il ouvrait à leurs yeux les abîmes de l'éternité, et profitait de toutes les occasions de faire des conquêtes à Jésus-Christ.

Le pape et Lothaire se séparèrent à Liége après beaucoup de témoignages d'amitié. Lothaire reprit le chemin de l'Allemagne, et le pape celui de France. A son retour, il alla visiter la célèbre abbaye de Cluny. Ces illustres religieux, quoique Pierre de Léon eût été leur frère, s'étaient des premiers déclarés pour Innocent. Ils firent paraître, à son arrivée, les marques les plus éclatantes de leur dévouement et de leur zèle. Le pape fit la dédicace de leur nouvelle église, et vint ensuite à Clairvaux, où il fut reçu dans un appareil qui ne ressentait rien de la magnificence profane, et qui ne respirait que le détachement évangélique.

Saint Bernard, persuadé qu'on ne doit pas chercher le monde dans la religion, et qu'il est honteux d'y en étaler le faste, montra son abbaye au pape dans son état naturel et sans la parer. Il crut que plus le pontife la trouverait simple, plus l'hospice lui serait agréable ; que la régularité d'un tel séjour lui en inspirerait l'estime, et que plus ceux de sa suite y verraient d'austérité, plus ils en seraient édifiés.

Le pape ensuite convoqua un concile général à Reims pour y travailler à l'extirpation du schisme, et il en marqua l'ouverture au quinzième d'octobre. Un peu avant l'ouverture de ce concile, la mort de Philippe, fils aîné de Louis le Gros, fit voir l'accomplissement de l'oracle de saint Bernard, qui lui avait prédit la perte malheureuse de ce fils déjà couronné roi , lorsqu'il traita si mal Étienne, évêque de Paris. Philippe se promenant à cheval hors les murs de Paris, un pourceau vint s'embarrasser entre les jambes de sa monture ; il tomba à terre et mourut peu d'heures après de cette chute.

Cependant le pape, jusqu'au temps que le concile s'ouvrit, parcourait divers endroits de la France. Il n'est pas bien sûr si saint Bernard l'accompagna dans ces différents voyages; mais il est constant que, dans la tenue du concile, il porta le poids de toutes les affaires , que dans les assemblées publiques il fut assis au milieu des cardinaux, et qu'en particulier ils le consultèrent sur tout ce qu'il y eut à régler. Les actes de ce concile ont été perdus. Suger l'appelle cependant une assemblée très-célèbre et très-nombreuse.

Le pape y couronna roi Louis le Jeune, au milieu des acclamations de joie de tous les princes de la cour de Rome et de celle de France et de tous les pères du concile, composé des évêques de France , d'Angleterre , d'Aquitaine et de l'Allemagne.

Cependant le pape après avoir reçu des églises de France la collecte qu'il leur avait imposée pour avoir le moyen de s'en retourner, quitta ce

royaume où il ne put demeurer plus longtemps,
parce qu'il avait donné rendez-vous à Lothaire en
Italie, et partit pour aller au-devant de lui. Il
traversa les montagnes de Gênes, entra dans le
Milanais, et après les fêtes de Pâques se rendit à
Plaisance, où, ayant assemblé les évêques dé
Lombardie et de Ravenne, il tint ce qu'on appelle
son troisième concile, pour affermir sous son
obéissance les églises au-delà les Alpes qui étaient
encore chancelantes. Il reçut ensuite Lothaire
près de là dans un lieu sur les bords du Pô, accompagné de saint Bernard qu'il avait amené de
France.

Le Pontife et Lothaire s'entretinrent de leurs
desseins, et convinrent ensemble du jour que,
l'année suivante, ils pourraient le plus commodément tous deux se rendre à Rome, pour que le
pape y fût placé sur la chaire de saint Pierre, et
Lothaire couronné empereur. Après cette entrevue, le pape envoya saint Bernard à Gênes, et
prit le chemin de Pise pour tâcher de rétablir la
paix entre ces deux villes, qui depuis longtemps
étaient en guerre, et dont malgré les divisions
il avait reçu de grands offices.

Le temps auquel le pape et Lothaire s'étaient
donné rendez-vous à Rome arriva. Quoique le
pontife eût recueilli en France plusieurs sommes considérables, ses longs voyages les avaient

néanmoins épuisées, et il ne se voyait guère en état de gagner ceux des Romains qui n'étaient pas dans son parti. D'ailleurs, comme Anaclet occupait dans Rome tous les endroits capables de résistance, les troupes du roi Lothaire, qui n'étaient que deux mille hommes, donnaient peu d'espérance de forcer l'antipape dans ses retranchements. Peut-être s'étonnera-t-on que ce prince eût amené d'Allemagne un si faible secours; mais le rétablissement du pape n'était pas sa plus grande affaire : il voulait avant toutes choses s'en faire couronner empereur. Une irruption violente et passagère dans la ville lui paraissait suffisante pour son dessein, et le reste ne lui tenait pas tant au cœur. Avant que d'entrer dans Rome, le pape et le roi des Romains députèrent vers Anaclet pour lui persuader d'assembler un conseil de gens habiles et vertueux, qui pussent, par la lumière du Saint-Esprit, lui inspirer de mettre fin à son erreur et à la destruction de tant d'hommes. On ne sait pas quels sont ces gens sages qu'on lui conseillait de consulter. Peut-être c'était saint Bernard et saint Norbert, dont l'un avait accompagné Lothaire, et l'autre était venu rejoindre le pape en Italie. Quoiqu'il en soit, on ne fit rien du tout sur l'esprit du schismatique, qui ne voulait écouter aucunes raisons, ni avoir aucune entrevue avec Lothaire. Ainsi ce prince, plus animé de confiance par la justice de sa cause, que par le nombre de ses soldats, fit entrer de force les Allemands dans la ville. Ils amenèrent le pape dans le palais et de là dans l'église de Latran (car Anaclet était maître de celle de saint Pierre); et le roi Lothaire y fut couronné empereur par le pontife. Les peuples de Gènes et de Pise, animés par les invitations de saint Bernard, vinrent avec une flotte au port d'Ostie. Anaclet avait alors peu de troupes; mais il se rassurait sur la force des lieux qu'il occupait, et sans déclarer s'il voulait continuer la guerre ou la finir, il rendit inutiles tous les efforts de cette flotte et toutes les tentatives de Lothaire, se contentant de les empêcher d'approcher de ses quartiers par les fortes machines qu'il fit mettre en mouvement pour les en éloigner. Le nouvel empereur ne crut pas devoir demeurer plus longtemps à Rome. Son absence mit Anaclet plus en sûreté et le rendit encore plus fier, de sorte qu'Innocent fut contraint de sortir de Rome une seconde fois et de venir se réfugier à Pise.

Pendant le séjour que fit le pape en cette ville, il envoya saint Bernard en Allemagne pour y réconcilier le prince Conrad avec Lothaire et négocier leur accommodement.

Le voyage de Bernard eut tout le succès qu'on

en pouvait attendre. Il fit l'accommodement de l'empereur avec Conrad, et fut de cette sorte presqu'en même temps choisi pour être l'arbitre et la lumière des plus importantes affaires de l'empire et de l'Eglise. Lorsqu'il revenait en Italie pour rendre compte au pape de sa négociation d'Allemagne et se trouver au concile que ce pontife avait convoqué pour cette année dans la ville de Pise, il rencontra des députés des Milanais qui l'envoyaient supplier de venir les voir pour conférer des moyens de les réconcilier avec le pape et avec l'empereur.

Ensuite il se rendit à Pise. On ne peut représenter assez vivement quelle fut pour lui la vénération des pères de ce concile, et si l'abbé de Bonneval, qui s'y trouva présent, ne le rapportait, on aurait peine à le croire. Chacun le respectait, dit cet historien; les prêtres faisaient une espèce de garde à la porte de son logis, non par ostentation, mais pour que l'affluence du peuple n'en empêchât point l'entrée à ceux qui venaient pour lui parler.

Le schismatique fut encore condamné dans ce concile avec ses fauteurs et ses adhérents, et ce fut le troisième, sans compter celui de Troyes, où tout se fit par les conseils de Bernard. Le pape, à la fin du concile, congédia ceux qui l'avaient composé. Lorsque les évêques et les abbés de

France, qui s'y étaient trouvés, s'en revenaient, ils furent attaqués par les soldats de Conrad, qui ravageaient toute l'Italie, sous prétexte de l'alliance que ce prince avait faite autrefois avec les Milanais contre Lothaire. Ces troupes n'avaient pour paie que la liberté de voler et de piller impunément; en sorte que les grands chemins étaient remplis de ces scélérats. Ils traitèrent cruellement tous ces Pères du concile de Pise, qui repassaient en France : ils en blessèrent plusieurs, en mirent d'autres en prison, et leur enlevèrent à tous leurs habits et leurs équipages.

Pierre de Cluny, qui était du nombre et qui ne fut pas épargné, se plaint de cet attentat dans une lettre au pape Innocent. Cela confirma saint Bernard dans la résolution qu'il avait prise de se rendre au plus tôt à Milan. Il y fut de la part du pape, qui le fit accompagner par les évêques d'Albane et de Pise, tous deux cardinaux et des plus illustres; et, à la prière du saint, le pontife joignit à eux, Geoffroy évêque de Chartres, grand ami de l'abbé Bernard et alors revêtu de la dignité le Légat en France.

D'abord il négocia l'affaire qui l'amenait; il ne trouva, ni de la fierté dans les grands, ni de l'indocilité dans le peuple; tous respectèrent son autorité et se soumirent à ses raisons. On cessa de reconnaître Conrad pour roi des Romains et Anaclet pour pontife ; on se soumit au pape Innocent et à l'empereur Lothaire, et d'un consentement unanime on leur jura une fidélité inviolable.

Le Saint fit en faveur des Milanais plusieurs règlements que le pape confirma ; il remit Anselme sur le siége épiscopal, qu'il rétablit en même temps en archevêché, et lui fit dans la suite conférer le pallium, et il procura la délivrance de plusieurs habitants qui dans la guerre contre les peuples de Pise avaient été faits prisonniers.

L'amour qu'avait Bernard pour les religieux le brûlait du désir de les revoir, et l'envie qu'ils en avaient n'était pas moins ardente. Le pape ayant consenti qu'il les allât rejoindre, il partit d'Italie pour reprendre la route de Clairvaux.

De retour à Clairvaux, saint Bernard goûta le repos que lui offrait une si belle demeure. Il y fut néanmoins quelquefois interrompu ; chargé qu'il était de la sollicitude de toutes les Eglises, cela ne pouvait être autrement. Il apprit que les ministres de l'empereur tourmentaient les peuples de Pise, dans le temps qu'ils résistaient de leur mieux aux efforts du duc de Sicile. Il en écrivit à Lothaire une lettre où il lui parle assez hardiment et lui fait un bel éloge de ces peuples

La sollicitude de Bernard pour les intérêts de l'Église ne l'empêchait point de vaquer aux occupations du cloître : il veillait sur tous les biens de son abbaye, sans rien oublier de ce qui pouvait y contribuer, et les principaux religieux du monastère qui en partageaient avec lui les soins l'obligeaient quelquefois d'interrompre son application aux vérités célestes pour entrer avec eux dans le détail et dans la connaissance des affaires.

Celle qui paraissait alors la plus importante, était de changer la situation du bâtiment, qui n'était ni commode ni capable de contenir le grand nombre de personnes qui se rendaient continuellement à Clairvaux. Les princes, les seigneurs, les évêques, les négociants, tous à l'envi donnaient de quoi contribuer au nouvel édifice; mais pas un ne le fit avec tant de magnificence et de profusion que Thibaut, comte de Champagne. Les anciens auteurs en parlent comme d'un prince illustre par sa valeur et par les libéralités que lui inspira son zèle pour la religion et pour l'Eglise.

En 1135, saint Bernard commença son excellent ouvrage sur les Cantiques; mais il fut obligé de suspendre cette sainte occupation pour passer encore une fois les Alpes, et aller en Italie mettre fin à la guerre qui durait depuis si longtemps. La Campagne et la Pouille gémissaient sous l'autorité d'Anaclet que protégeait Roger, duc de Sicile, et qui même, sous un titre spécieux de religion, s'était emparé des terres de l'état ecclésiastique.

Arrivé à Viterbe, il y fut retenu par la maladie de son frère Gérard, qu'il avait amené de Clairvaux avec deux ou trois autres religieux. Le mal parut considérable, et Bernard craignait extrêmement de perdre un frère dont par tant d'expériences il avait reconnu la tendresse et l'utilité. Il eut recours à la prière selon sa coutume, et il demanda instamment à Dieu que s'il ne voulait pas lui rendre tout à fait ce frère, il eût du moins la bonté de lui prolonger la vie jusqu'à leur retour à Clairvaux. Dieu l'exauça pour un temps, et nous parlerons de cette mort en son lieu.

Dès que saint Bernard fut arrivé à Rome, il alla voir les principaux citoyens les uns après les autres ; il les rassembla, les exhorta vivement à renoncer à Pierre de Léon, et à reconnaître Innocent.

Quand il les eut éclairés par ses raisons, l'on se détacha peu à peu de l'antipape, et un grand nombre de personnes abandonnèrent son parti.

Après un certain séjour à Rome saint Bernard fut envoyé aux moines du mont Cassin pour les ramener à leur devoir. Aussitôt qu'il parut sur cette montagne, les religieux de cette fameuse abbaye abandonnerent le parti d'Anaclet, et se rangèrent sous l'obéissance du pape.

Tandis que tout secondait à Rome les desseins du pape, les troubles recommençaient dans la Campagne. Les villes de l'état ecclésiastique qu'on avait reprises étaient pour la seconde fois atta-quées et remises sous l'obéissance d'Anaclet. Le départ de l'empereur avait rappelé le duc de Sicile, qui faisait dans ce pays de nouveaux ra-vages.

L'empereur, déjà vieux et depuis longtemps accablé de maladies, qui furent bientôt suivies de sa mort, ne put remédier à tous ces désordres; il fallut encore recourir à saint Bernard; lui seul, faible et languissant comme il était, fut chargé de s'opposer à l'armée du vainqueur et d'apaiser, s'il le pouvait, le prince Roger par ses paroles, ou de lancer contre lui les foudres de l'Eglise.

Saint Bernard se rendit donc au camp du prin-ce de Sicile, alla le trouver et l'exhorta à finir la guerre, à ne plus assembler de corps de troupes, à rentrer dans les voies de l'union et à faire une paix solide. Après ce discours, qui ne put tou-cher le prince, Bernard le menaça et lui prédit sa fuite et sa défaite; et se reposant du succès sur les soins de la Providence, il exhorta Ranulle à donner un combat, dont il lui promit que les suites seraient heureuses.

Le Saint, dit l'historien, s'était aussitôt après
retiré dans une métairie voisine, où il priait avec
ferveur. Tout à coup on entendit les cris des
fuyards et de ceux qui les poursuivaient. Les
troupes de Ranufle pressaient l'épée à la main
celles de Roger, et plusieurs passaient auprès
de cette maison.

Après cette défaite imprévue, le prince Roger
ne voulut pas recommencer une autre action qu'il
n'eût rassemblé de nouvelles troupes, et demanda
des conférences pour discuter sur la validité des
élections pontificales. L'on envoya sur le champ
des courriers à Innocent et à Anaclet. L'expédient
de Roger leur plut à tous deux. Le pape choisit
le cardinal Emery, le cardinal Girard et l'abbé
de Clairvaux pour troisième ; Anaclet nomma le
cardinal Matthieu chancelier, le cardinal Pierre
de Pise et un autre cardinal nommé Grégoire.

Pierre de Pise entreprit d'abord de prouver
que l'élection d'Anaclet était canonique ; mais
l'éloquence de saint Bernard lui fit bien vite
changer d'opinion. Toute l'assemblée fut unanime
à proclamer Innocent pour souverain pontife.

Le succès de ces conférences porta la désolation dans le cœur d'Anaclet. Il ne put survivre
à sa honte et à sa douleur, et fut frappé du coup
qui lui devait donner la mort. Les schismatiques,
après la mort de l'antipape, élurent pour lui suc-

céder le cardinal Grégoire, prêtre, et lui donnèrent le nom de Victor ; mais le règne de l'usur-
pateur ne dura guère ; les frères d'Anaclet, à la
vue de tant de troubles, rentrèrent en eux-mê-
mes, et Dieu leur inspira de faire leur paix avec
le pape légitime, de manière que, conjointement
avec tous ses anciens ennemis, ils lui jurèrent
fidélité.

Victor, destitué de tout appui, vint de nuit trouver Bernard. Le saint, qui vit son repentir sincère,
lui fit déposer toutes les marques de l'autorité
pontificale, et l'amena aux pieds d'Innocent, qu'il
reconnut pour son légitime pontife. Après cette
action, toute la ville s'en réjouit publiquement,
le peuple romain témoigna ses respects pour le
vicaire de Jésus-Christ, l'abbé de Clairvaux reçut des hommages de tout le monde, et chacun
le regarda comme l'auteur de la paix et le père
de la patrie.

Le saint partit de Rome avec les marques de
reconnaissance que le pape devait à ses travaux.
Il ne le combla pas de richesses temporelles,
mais de biens convenables à celui qui les donnait
et à celui qui les recevait.

A son retour à Clairvaux, il y trouva tout dans
une exacte discipline, et sa seule réputation y
conservait la ferveur. Il se crut en état de pour-
suivre ses sermons sur les cantiques ; mais dans

le temps qu'il semblait avoir oublié les conventions, pour ainsi dire, qu'il avait faites avec le Seigneur à Viterbe, pour que la vie de son frère Gérard ne fût prolongée que jusqu'à son retour à Clairvaux, il se vit livré à de nouveaux soins que lui donna la rechute d'un frère si cher quand la fièvre le reprit.

Les fatigues d'un long voyage, une santé peu rétablie, et les affaires continuelles semblaient exiger plus de repos que de remèdes. Mais les redoublements de la fièvre, l'embarras de la respiration, les insomnies, le dégoût des aliments témoignèrent le péril où il était. Alors saint Bernard se souvint de la prière qu'il avait faite à Viterbe, il s'affligea de la perte qu'il allait faire quoiqu'il se réjouît de la gloire où il jugeait bien que son frère allait entrer. Il comprit que les remèdes ne pourraient retenir un homme que le ciel attendait depuis si longtemps, et Gérard sentit lui-même que l'heure était venue de quitter un frère avec qui les nœuds d'une tendre amitié l'avaient uni depuis vingt-cinq ans, et dont la mort seule pouvait le séparer. Vers le milieu de la nuit qu'il mourut, les frères qui se trouvaient autour de son lit, coururent annoncer à saint Bernard avec quelle tranquillité Gérard attendait son dernier moment. Il vint en hâte, tout faible et tout malade qu'il était lui-même, l'entendit achever tout le psaume 148, et le vit expirer plein de confiance et de joie.

On enterra ce saint homme avec un appareil convenable à la simplicité monastique, mais rien ne fit plus d'honneur à sa mémoire que les larmes de tous les religieux.

Sur la fin de l'année 1138, l'empereur Lothaire était mort sans laisser aucun enfant mâle, et Conrad, cousin germain de l'empereur Henri, avait été élu dans une assemblée des princes d'Allemagne qui se tint à Coblentz. Quoique saint Bernard eût pris soin de le réconcilier avec Lothaire, il ne laissa pas dès les premières années de son règne, de lui écrire une lettre, où il lui reprochait d'avoir favorisé le parti du dernier empereur, et s'en plaignit en homme qui croyait ne devoir plus cacher le ressentiment qu'il avait eu de sa conduite, et qui voulait faire sentir qu'il était le maître. Sa lettre ne laissait pas néanmoins de marquer son affection pour le saint, qui lui fit une réponse respectueuse, où il se justifiait de la prédilection qu'il lui reprochait.

Cette année, l'on célébra dans Rome un concile composé de près de mille évêques. Le pape Innocent y présida, et après plusieurs décrets qu'on y publia, tout le reste des schismatiques attachés au parti de Pierre de Léon y furent condamnés. On y déposa les cardinaux qu'avait faits l'antipape et les évêques qu'il avait ordonnés ou nommés, et l'on déclara nulles toutes les ordinations qu'il avait faites.

Le concile général de Latran avait condamné comme hérétique et séditieux un religieux de la ville de Brescia en Italie, nommé Arnaud. C'était un homme austère dans ses manières et dans ses pratiques, beaucoup appliqué à des études de théologie, disciple d'Abailard lorsqu'il enseignait à Paris, ennemi déclaré de tous les ecclésiastiques, agréable aux puissances séculières, parce qu'il croyait, ou du moins qu'il publiait que tout leur devait être soumis. Ses principales hérésies, dit Othon de Fressingue étaient touchant le baptême et l'eucharistie, et il soutenait si fortement l'autorité des princes contre celle du clergé, qu'il avait soulevé Rome contre le pape Innocent, à qui l'on voulait, par son avis, ôter le gouvernement des peuples pour le donner au sénat, comme autrefois. Le concile le chassa d'Italie, et il vint trouver son maître Abailard.

La doctrine d'Abailard sur les choses de la foi n'était peut-être pas plus saine que celle du disciple ; mais plus subtile et plus cachée. Saint Norbert et saint Bernard, comme les plus grandes lumières de ce siècle-là, travaillèrent à prévenir les erreurs qu'il répandait dans ses instructions,

qui séduisaient beaucoup de gens, et firent con-
damner l'hérésiarque.

Saint Bernard, au commencement de l'année
suivante, se vit engagé dans des occupations nouvelles. Dieu, qui ne laissait pas son zèle oisif, lui
fournit d'autres occasions de le faire agir et le
rendit l'arbitre d'une des plus difficiles affaires
qu'il eût encore négociées.

Louis le Jeune, peu réglé dans ses mœurs et
fier de sa puissance, ne gardait plus aucunes
mesures avec l'Eglise, il en méprisait toutes les
ordonnances, et se souciait peu des décrets du
pape Innocent. Son ancienne intimité contre Thibaut, comte de Champagne, lui faisait persécuter
avec fureur ce prince, qui soutenait les intérêts
du pape.

Saint Bernard fut vivement touché de cette
division, car il prévoyait tous les maux qui devaient en arriver. Pendant une année entière il
employa des efforts inutiles pour rétablir la paix
entre le pape et le roi; mais, par la suite, il eut le
bonheur de réussir.

LIVRE QUATRIEME.

Depuis la prise de la ville d'Edesse, les affaires de la religion dépérissaient en Orient de jour en jour. Antioche était assiégée, le roi de Jérusalem, les chevaliers du temple et la Croix du Sauveur étaient en péril sans un prompt secours.

Saint Bernard fit donc convoquer un concile à Chartres, où il sollicita instamment le roi, les princes et les seigneurs du royaume de se rendre, pour y chercher du remède à tant de maux.

On y délibéra d'abord sur les frais de la guerre et sur la marche de l'armée, ensuite sur les moyens de lever promptement des troupes et sur le choix d'un général, qui par sa sagesse et par ses soins pût bien conduire toute cette entreprise.

Saint Bernard parcourut toutes les provinces. Ses prédications firent beaucoup de fruit, ses miracles fréquents donnèrent une nouvelle force à sa parole, et les peuples en étaient tellement encouragés, que les villes et villages n'étaient plus que des déserts, tant on avait d'ardeur à le suivre pour aller combattre sous l'étendard de la croix de Jésus-Christ.

Après qu'une infinité de personnes en France eurent été engagées par les exhortations de Bernard à la guerre d'Orient, il se détermina à aller en Allemagne pour y exciter les princes et l'empereur même, et résolut de commencer par la Franconie, pour imposer silence à ce moine qui faisait naître, à l'occasion des Juifs, de fréquentes séditions dans les villes et soulevait les peuples contre leurs seigneurs.

Dans une assemblée qui s'était tenue à Vézelay, l'abbé Bernard avait fait un éloquent discours, après lequel Louis le Jeune, animé de ferveur pour l'expédition orientale, avait reçu la croix des mains du saint abbé. La reine l'avait reçu comme lui, et tous les seigneurs et évêques du royaume étaient allés se préparer à ce grand voyage au sortir de Vézelay.

Sur la fin d'octobre, après s'être arrêté quelque temps à Vorms, où il avait engagé bien du monde à la guerre d'Orient, il fut à Francfort trouver l'empereur pour y traiter avec lui de quelques affaires, et lui parler, en passant, de l'expédition de Syrie. Quelque déférence qu'eût l'empereur pour Bernard, ses invitations firent peu d'impression sur lui. Le saint lui conseilla de profiter de ces jours de miséricorde pour penser à son salut ; mais Conrad lui répondit qu'il n'avait nul dessein d'entrer dans cette guerre.

L'Allemagne était alors agitée de guerres civiles par plusieurs princes divisés entre eux, et qui se seraient peut-être séparés de l'empire si l'empereur ne les en eût empêchés. Il avait cependant convoqué une assemblée à Spire, où saint Bernard était invité pour le jour de Noël. Les évêques et les princes de l'empire s'y trouvèrent, l'empereur y fut couronné, et saint Bernard fut ravi d'y être venu pour y réconcilier quelques princes dont les divisions empêchaient que la milice sainte ne grossît encore davantage

Le lendemain du couronnement de l'empereur, Bernard fit devant lui un discours où il exhorta de nouveau ce prince publiquement à s'armer pour la cause de la foi. Conrad lui répondit enfin qu'il y penserait, qu'il consulterait son conseil et qu'il lui rendrait réponse le lendemain.

Le saint, qui n'espérait rien des hommes, mais attendait tout de Dieu, fut retrouver l'empereur et lui parla avec une liberté évangélique. Sa parole toucha si vivement le prince qu'il s'écria fondant en larmes : « Je reconnais enfin les dons du Seigneur, et j'espère qu'avec la grâce je ne serai plus ingrat; je suis prêt à le servir puisque lui-même me l'ordonne. » Tout le monde rendit grâces à Dieu, et tout le palais retentit de ses louanges. aussitôt Conrad reçut la croix des mains du saint abbé; le jeune Frédéric son neveu en fit de même et quantité d'autres princes.

Le même jour, le saint fit marcher un paralytique proche de la chapelle où l'on avait dit la messe. Saint Bernard prêcha ensuite la croisade dans plusieurs villes allemandes, puis revint à Clairvaux.

En 1148, commença le départ des croisés. Conrad et Louis le jeune résolurent de ne point marcher ensemble et de conduire leurs armées séparément, de peur qu'il n'arrivât des démêlés entre ces peuples de nations différentes, et pour mieux pourvoir aux besoins de leurs troupes et trouver suffisamment des fourages pour la cavalerie.

L'empereur prit la route par la Bavière, et se rendit à Constantinople où l'empereur d'Orient Manuel Comnéné faisait son séjour. Il reçut le prince des Allemands avec de grands témoignages d'honneur, et donna de beaux éloges à son entreprise, mais sous main il prit toutes sortes de mesures pour ruiner ses desseins et son armée.

L'empereur de Constantinople avait donné à Conrad, en partant, des guides très-instruits dans la connaissance du pays et de la route que son armée devait tenir, mais dont la fidélité ne répondait guère à la connaissance. Ils conduisirent exprès les troupes par de grands détours et les engagèrent dans des endroits où ce ce peuple crédule pouvait être attaqué plus aisément et défait ensuite par les infidèles, puis quittèrent secrètement l'armée impériale.

Cependant le roi de France, accompagné d'un grand nombre de prélats et de barons du royaume, s'était mis en route à peu près par le même chemin que l'empereur, quinze jours après lui, et se trouvait à peu de distance de l'armée impériale en Orient quand la trahison des guides arriva.

Ces malheureux, pour ajouter une seconde perfidie à la première, se hâtèrent de venir à l'armée du roi de France qu'on disait n'être pas loin, pour lui dire que l'empereur qui l'avait devancé avait eu, à la faveur de leur conduite, un heureux succès en tout ce qu'il avait fait jusqu'alors; qu'après avoir donné à la ville d'Icone un violent assaut il l'avait entièrement détruite et qu'il avait vaincu les ennemis avec éclat.

Pendant que l'armée de Conrad était tourmentée par le manque de vivres, par l'ignorance du pays, par la longueur des marches par la difficulté des chemins, par l'embarras des équipages, les commandants turcs, ayant fait avancer leurs troupes, vinrent tout à coup fondre sur elle, et par cette irruption mirent les Allemands entièrement en déroute.

De ces soixante et dix mille cuirassiers et de cette infanterie prodigieuse à peine s'en sauva-t-il la dixième partie, comme l'ont assuré ceux qui s'y trouvèrent. Les uns périrent par la faim, les autres par le fer, d'autres dans les prisons. L'empereur échappa avec un petit nombre de seigneurs, et au bout de quelques jours vint avec le reste de ses troupes aux environs de Nicée, après avoir forcé bien des obstacles.

Le roi de France était venu camper dans les plaines de Nicée sans savoir encore par où il poursuivrait sa marche. Comme il s'informait avec soin des nouvelles de l'empereur (car il ne s'était pas arrêté au rapport des guides), il apprit que son armée avait été défaite et que ce prince était errant et fugitif avec un petit nombre de seigneurs échappés avec lui à la fureur des barbares.

Ces premières nouvelles vinrent au roi par des personnes peu considérables, qui l'en faisaient un peu douter; mais elles lui furent bientôt confirmées. Le jeune Frédéric, duc de Souabe, prince d'un excellent naturel et neveu de Conrad, auquel il succéda quand il fut mort, vint en hâte du camp de l'empereur à l'armée du roi de France, et lui confirma ce qu'il avait déjà ouï dire. il venait inviter Louis le Jeune à conférer avec Conrad pour prendre ensemble, quoiqu'un peu tard, des mesures sur les conjonctures présentes et sur la suite de leur voyage.

Ces deux princes ayant tenu conseil avec les officiers-généraux des deux armées, laissèrent à la gauche la route que l'empereur avait d'abord prise, et tournèrent leur marche vers l'Asie-Mineure, et après avoir pris par Philadelphie et par Smyrne, ils arrivèrent à Ephèse, métropole de l'Asie.

L'empereur, qui vit que le corps de ses troupes était le moins considérable après avoir été le plus nombreux, en eut un peu de honte, et soit qu'il ne pût supporter la fierté qui paraissait dans les troupes françaises ou par d'autres raisons secrètes, il renvoya par terre les régiments qui lui restaient, et, s'embarquant à Ephèse, reprit le chemin de Constantinople.

Quant au roi de France, il partit d'Ephèse après que son armée se fut reposée quelque temps, vint au bout de quelques jours sur le bord du fleuve Méandre, et fit camper ses troupes sur ces rives chargées de pâturages excellents.

Comme l'armée française s'apprêtait à passer un étroit défilé, elle se vit attaquée par les barbares. Malgré la surprise et les autres obstacles, les chrétiens se défendirent vaillamment et sans se rompre. La victoire, pendant quelque temps, fut incertaine, mais enfin les infidèles eurent l'avantage; beaucoup de Français furent tués ou faits prisonniers, l'armée fut réduite à très-peu de gens, et plusieurs officiers très-célèbres périrent à cette journée.

Le roi, qui combattait comme un autre, mais plus vaillamment que pas un des siens, après s'être dégagé d'une troupe de Turcs qui le poursuivaient, était monté au haut d'un arbre, d'où il parait de sa seule épée tous les traits que lui lançaient ces barbares qui le prenaient pour un simple officier; sa valeur les lassa et ils quittèrent ce lieu de peur d'être enveloppés.

Louis VII se rendit alors à Attalie, petite ville sur les bords de la mer, où son armée eut beaucoup à souffrir du manque de vivres et de munitions, et de là gagna Antioche. Aussitôt que Raymond, prince d'Antioche, sut que le roi de France avait pris terre dans son pays, il fit assembler toute la noblesse et les principaux du peuple, et vint au-devant de lui avec un cortége magnifique. On lui rendit dans Antioche toute sorte d'honneurs, et il y fut reçu au milieu des louanges du clergé et du peuple.

Mais Louis VII n'ayant pas voulu, par la suite, acquiescer à certaines demandes de Raymond, ce prince changea tout d'un coup de manières et de sentiments ; il commença à faire des imprécations contre le succès de la guerre, et à s'armer ouvertement pour lui tendre des piéges sur sa route. Le roi le sut, et pour prévenir les surprises, après avoir tenu conseil avec ses généraux, il hâta son départ et sortit d'Antioche avec toute sa cour pendant la nuit.

Cependant Conrad, après avoir passé l'hiver à Constantinople, où l'empereur d'Orient l'avait comblé de toute sorte d'honneurs, était monté sur la flotte que Manuel avait fait équiper magnifiquement, et il était venu aborder au port de la ville d'Acre en Palestine, sur la côte de la Méditerranée, et de là s'était rendu à Jérusalem.

Sitôt que la nouvelle y vint que le roi de France avait quitté Antioche et s'approchait des quartiers de Tripoli, tous les grands du royaume furent d'avis que le patriarche sortît pour aller exhorter ce prince à venir incessamment à Jérusalem, de crainte que, retenu par le comte de Tripoli son parent, il ne différât d'avancer.

Dès que le patriarche eût trouvé le roi, il l'amena à Jérusalem. Tout le peuple, et tout le clergé sortirent au-devant de Louis le Jeune, chantant des hymnes et des cantiques. On le reçut avec des magnificences extraordinaires, et on le conduisit avec un pompeux appareil à la visite des lieux saints. Après que les princes y eurent fait leurs prières, on convoqua une assemblée générale à la ville d'Acre, autrement Ptolémaïs. Tout ce qu'il y avait de gens illustres à la suite de l'empereur et du roi de France, se trouvèrent à cette assemblée. Après qu'on y eut bien examiné l'état des affaires et pesé les sentiments de chacun, on convint que rien n'était plus à propos alors que d'entreprendre le siége de Damas.

On se mit donc en marche dans ce dessein. Le roi de Jérusalem avec ses troupes était à la tête de l'armée, comme mieux instruit du pays et pour en tracer aux autres la voie. Ce prince n'avait que 19 ans, il aimait la gloire, et, sous prétexte d'une plus exacte connaissance des lieux, avait demandé cette avant-garde pour entreprendre quelque chose d'héroïque à la vue des princes d'Occident. Le roi de France formait ensuite un second corps pour soutenir les Orientaux s'il le fallait, et l'empereur faisait l'arrière-garde pour être prêt de s'opposer aux ennemis en cas qu'ils vinssent pour les surprendre.

Ces trois armées, rangées dans cet ordre, marchèrent de leur camp vers la ville du côté de l'occident et du nord. Damas était environnée de vergers et de forêts épaisses, séparés par d'étroits défilés. Ce fut par ces endroits qu'on résolut de faire passer nos armées et de s'ouvrir une route.

La cavalerie de Damas, qui vit toute notre armée défiler par ces sentiers pour ensuite assié-
ger la ville, s'était ralliée et rapprochée du fleuve
qui lave les murs de cette place, pour en éloigner,
avec leurs flèches et leurs machines, nos troupes
que de si fatigantes marches devaient avoir épuisées, et les empêcher d'y venir soulager la soif
qui les dévorait ; mais ils furent vigoureusement
repoussés par les Français et les Allemands.

Les Chrétiens, devenus maîtres de ce fleuve, se
logèrent librement sur le rivage ; ils campèrent
autant au large qu'ils voulurent autour de la place, et profitèrent sans obstacle des commodités
que le fleuve et les vergers leur fournirent.

Si Dieu nous eût été favorable en cette guerre,
il semblait que nous dussions bientôt nous voir
maîtres de la place ; mais il en avait autrement
ordonné. Dans le temps que la ville était extrêmement pressée, comme nous avons dit, et que
les assiégés, sans nulle espérance de nous arrêter,
se préparaient à la fuite après avoir disposé leurs
bagages, il leur vint dans l'esprit de tenter l'ava-
rice des troupes orientales, qu'ils ne pouvaient
vaincre d'une autre manière. Ils ménagèrent si
bien cet expédient qu'ils trouvèrent le moyen
d'offrir et de donner une grosse somme à quelques principaux officiers du roi de Jérusalem,
pour les engager à persuader la levée du siége.

Ces officiers, corrompus par l'argent qu'on leur donnait et qu'on leur promettait encore, eurent la perfidie d'inspirer aux princes et à toutes les troupes étrangères, d'abandonner les vergers et de faire les attaques de l'autre côté de la ville.

Les princes et tous les officiers généraux les crurent, et, quittant ces postes dont ils étaient devenus les maîtres par tant de travaux et de pertes, ils firent marcher toutes les troupes avec ces officiers à leur tête, qui allèrent camper à l'autre côté de la place. Dès qu'ils s'y virent éloignés des eaux qui leur étaient si commodes et de cette abondance de fruits qui les nourrissaient au défaut des vivres, ils s'aperçurent de la trahison et murmurèrent, mais trop tard, contre la perfidie de ceux qui leur avaient tout enlevé. Les vivres manquèrent peu à peu dans le camp, car dans l'espérance de devenir maîtres de la ville en peu de jours, comme on leur avait fait entendre avant de partir, ils ne s'étaient chargés que de peu de provisions. Dans l'incertitude de ce qu'ils devaient faire, ils tinrent conseil sans les orientaux. Il leur paraissait presque impossible de retourner dans leur premier camp, car dès qu'ils en furent sortis, les ennemis y étaient entrés et avaient fortifié ces endroits beaucoup plus qu'auparavant. De plus, il leur semblait trop long d'attaquer la ville par l'endroit où ils étaient venus se camper, et la disette des vivres ne leur permettait pas de faire un long séjour dans ce camp. Ainsi les deux rois de l'Occident, après avoir reconnu la perfidie manifeste des orientaux, résolurent de s'en retourner, détestant l'infidélité des traîtres; et ces princes qu'un si beau dessein avaient rassemblés avec un si grand nombre de troupes, reprirent le chemin de leurs États par la même route qu'ils avaient tenue.

Les princes d'Occident voulurent encore tenter une entreprise avant leur départ et faire le siége d'Ascalon qu'occupaient les infidèles au milieu du pays; mais ils jugèrent que le succès n'en serait pas plus heureux et ne l'entreprirent pas.

Lorsque l'empereur vit que rien ne lui réussissait, il fit préparer sa flotte, prit congé des princes chrétiens et marcha pour son retour. Peu de temps après son arrivée à Bamberg, il y mourut. C'était un prince très-bien fait, pieux, charitable, plein de sentiments élevés, et d'expérience dans la guerre et célèbre par la pureté de sa vie et de ses mœurs. Pour ce qui est du roi de France, au bout d'une année de séjour dans l'Orient, il en partit avec la reine et toute sa cour, au commencement du printemps, après avoir célébré la fête de Pâques à Jérusalem.

Revenons à saint Bernard qui depuis son retour de Thuringe était demeuré tranquille dans Clairvaux jusqu'au temps qu'il fut obligé d'en sortir pour s'aller opposer aux désordres que causait dans l'église de Toulouse l'hérésie d'un moine nommé Henri.

Ses prédications et ses travaux furent accompagnés, selon sa coutume, d'une infinité de miracles.

En 1148, un concile général fut tenu dans la ville de Reims. Le pape y présida, et de tous côtés il s'y rendit un grand nombre d'évêques avec l'abbé Suger, qui gouvernait le royaume depuis le départ du roi. L'abbé Bernard fut obligé de s'y trouver avec les autres. On y examina de nombreuses affaires ecclésiastiques, et plusieurs hérétiques y furent condamnés.

Saint Bernard passa l'année 1153 dans Clairvaux. Au commencement de l'année 1153, il se sentit attaqué d'une maladie qui le réduisit à l'extrémité. Au milieu des différentes douleurs qui le tenaient au lit, il s'occupait de quelques réflexions, il dictait toujours quelque chose, il priait et il exhortait ses frères, qui pleuraient amèrement la perte dont ils étaient menacés et tâchaient par leurs prières et par leurs larmes de le retenir.

Cependant le saint abbé approchait du terme où il souhaitait ardemment d'arriver. La tristesse

était peinte sur le visage de ses enfants dés
qui sentaient vivement la perte d'un père con
lui, et qui tous auraient volontiers donné l
vie pour conserver la sienne.

Les évêques et les abbés de la Province
taient rendus auprès de lui pour recevoir ses c
niers soupirs. Le Saint leur fit à tous un al
touchant et leur demanda leurs prières. Il s
tendrissait avec eux et levant les yeux
ciel, il disait avec saint Paul, qu'il ne
vait que choisir ou de la mort ou de la v
et qu'il abandonnait tout à la volonté divi
Mais pendant que sa charité pour ses frères co
battait ainsi dans son cœur avec le désir de v
Jésus-Christ, Dieu décida de son sort, et il exp

LIMOGES. — IMPRIMERIE DE BARBOU FRÈRES